→ 1 Male die Rahmen mit verschiedenen Farben an.
Suche die Personen im großen Bild und kreise sie mit derselben Farbe ein.

Martin

Susi

Papa

Tom

Mama

→ 2 Suche verschiedene Zeichen im Bild.
Erkläre.

→ 1 Welcher Weg führt zur Schatzkiste?
Suche mit den Augen.

→ 2 Welcher Weg führt zum Sack?
Suche mit den Augen.

→ 3 Fahre die richtigen Wege nach.
Bleibe in der Spur.

A a
E e
I i
O o
U u
Ä ä
Au au
Ei ei
Eu eu
Ö ö
Ü ü
Mm
S s
D d
Ww
G g
B b
J j
H h
N n
Z z
T t
F f
K k
P p
R r
L l
St st
Sp sp
Sch sch
-ng
-ch
ÖL
ZIRKUS

So kannst du mit der Lauttabelle arbeiten:

Sprich langsam und deutlich.

Hör genau.

Lege für jeden Laut
einen Spielstein.

Schau auf deiner Lauttabelle nach.
Ordne die Steine richtig zu.

Schreibe der Reihe nach.

→1 Diese Buchstaben kenne ich schon:

→2 Schreibe deinen Namen.

→1 Spure mit verschiedenen Farben nach.

→2 Spure nach und schreibe weiter.

→ 1 Spure mit verschiedenen Farben nach.

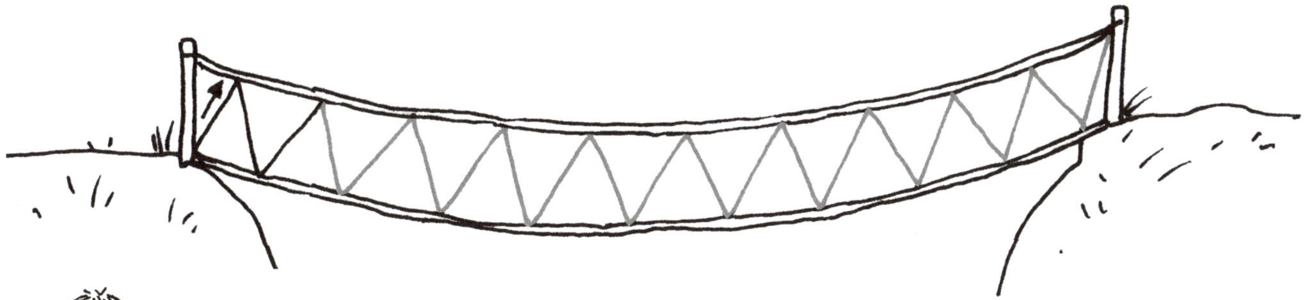

→ 2 Spure nach und schreibe weiter.

→ 1 Spure mit verschiedenen Farben nach.

→ 2 Spure nach und schreibe weiter.

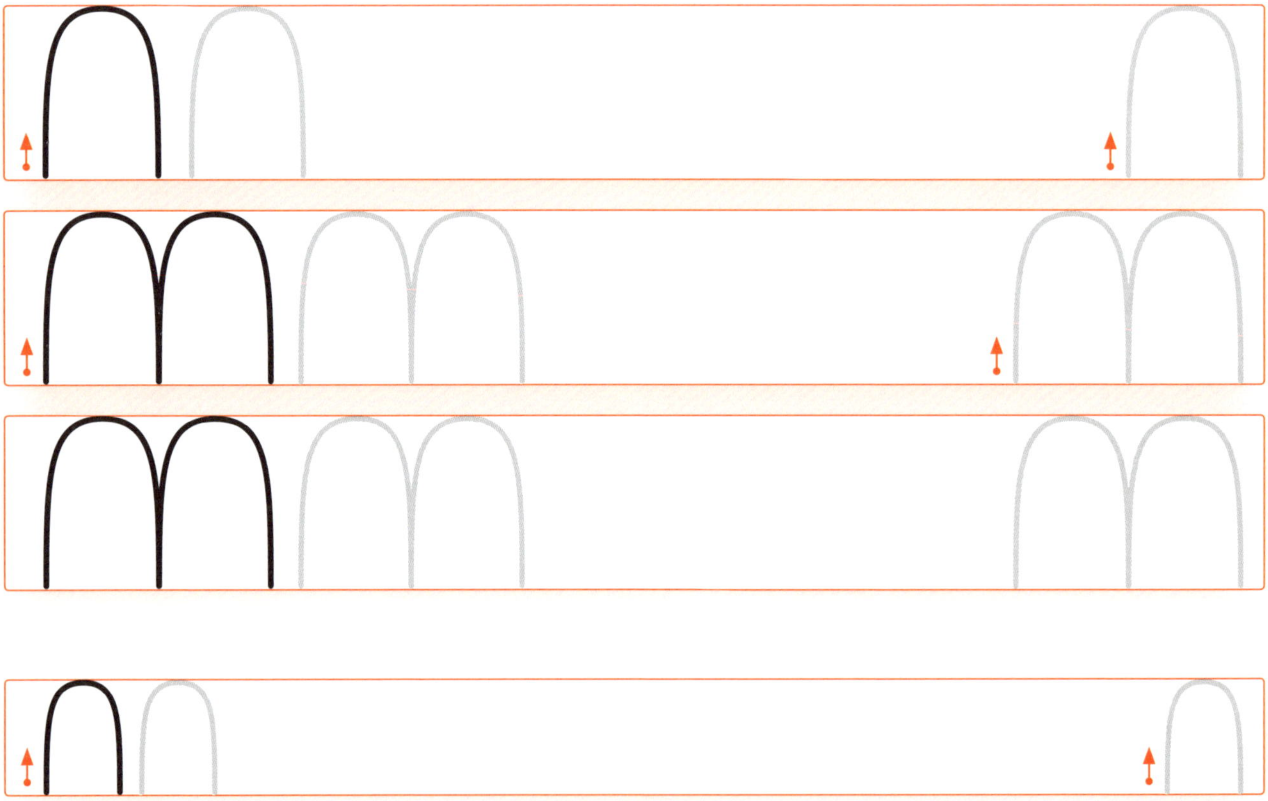

→ 1 Spure mit verschiedenen Farben nach.

→ 2 Spure nach und schreibe weiter.

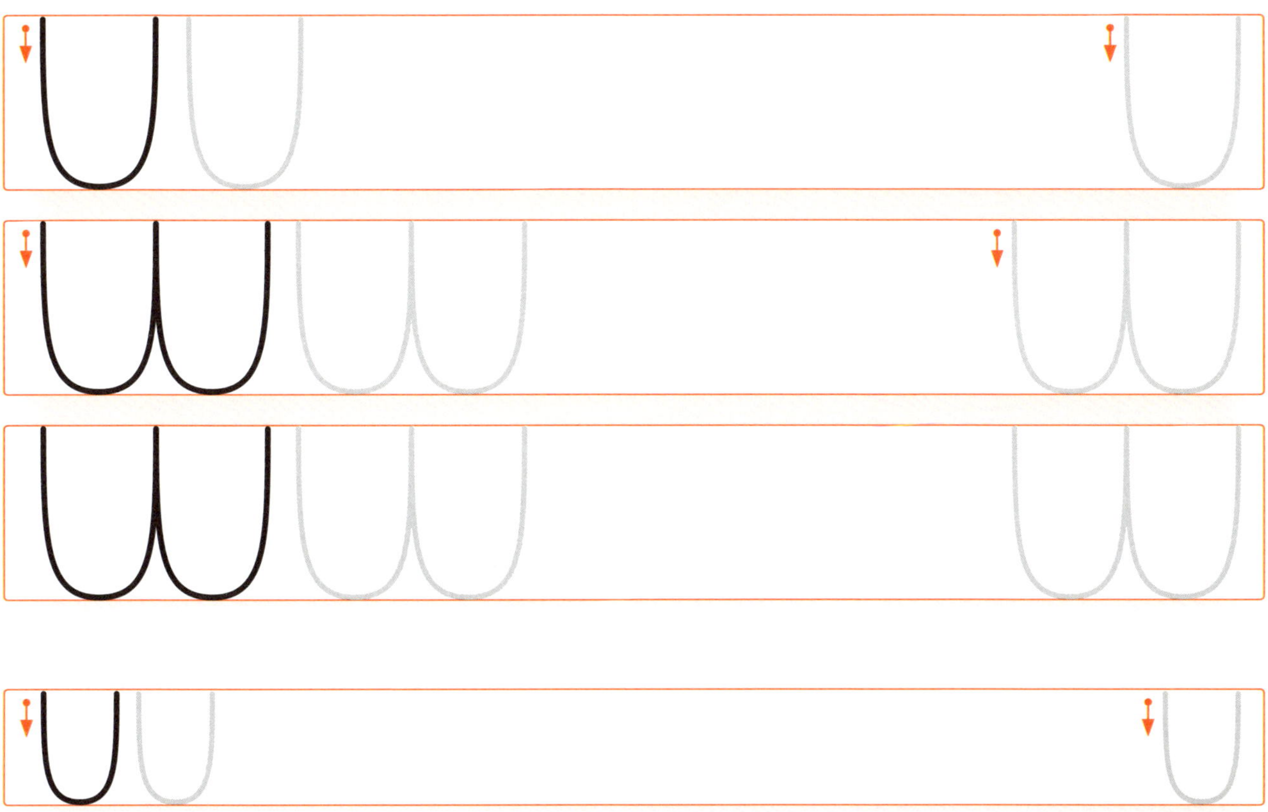

→1 Spure nach und zeichne weiter.
Bleibe in der Spur.

→2 Spure nach und schreibe weiter.

→1 Spure diese Kreise nach.

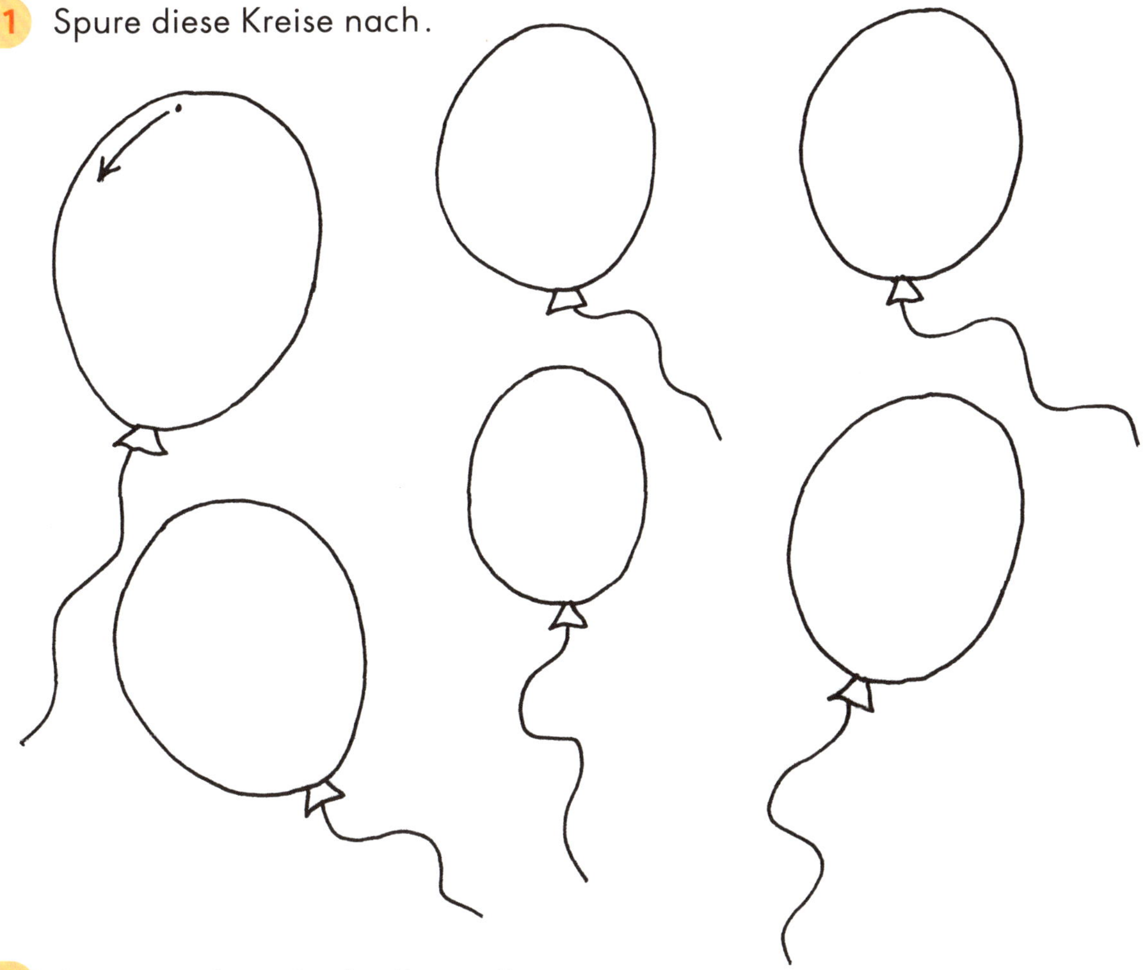

→2 Spure nach und schreibe weiter.

→ 1 Spure nach und zeichne weiter.

→ 2 Erfinde eigene Muster.

→1 Spure nach und zeichne weiter.

→2 Erfinde eigene Muster.

→1 Schau auf die Lauttabelle.
Male Anlautbild und passenden Buchstaben mit derselben Farbe an.

→2 Schau auf die Lauttabelle.
Schreibe den passenden Buchstaben unter das Anlautbild.

→ 3 Schau auf die Lauttabelle.
Zu jedem Buchstaben passen zwei Bilder
mit demselben Anlaut.
Male mit derselben Farbe an.

→ 4 Sprich langsam und deutlich.
Hör genau.
Schau auf die Lauttabelle und schreibe.

→ 1 Sprich langsam und deutlich.
Welchen Anlaut hörst du?
Schau auf die Lauttabelle und schreibe.

lefant

alat

rokodil

ino

ampe

eder

aus

ofa

asse

ans

aket

meise

anane

uss

adio

esser

→ 2 Male für jeden Laut, den du hörst, einen Punkt.

→ 3 Sprich langsam und deutlich.
Hör genau.
Schau auf die Lauttabelle und schreibe.

→ 1 Sprich und klatsche.
Zeichne Silbenbögen.

→ 2 Sprich und klatsche.
Zeichne Silbenbögen.
Welcher Laut klingt?
Schreibe den Klanglaut in den Bogen.

a u

→Ü+SP1: KV 11 – KV 14

→1 Sprich langsam und deutlich. Hör genau.
Schau auf die Lauttabelle und schreibe.
Finde die Klangbuchstaben und male sie an.

→2 Sprich langsam und deutlich. Hör genau.
Zeichne die Silbenbögen.
Schau auf die Lauttabelle und schreibe.
Finde die Klangbuchstaben und male sie an.

→1 Male die Steine mit M braun an.
Male die Steine mit m grau an.

→2 Wo hörst du M m?
Kreuze an.

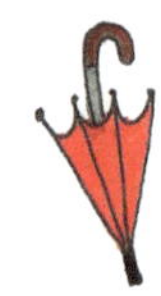

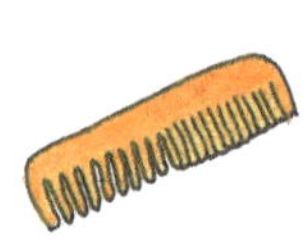

→CD: 1, 2

→ 3

M m

M M M M M M M M M M

M M M M

m m m m m m m m m m m

m m m m

→ 4 Suche die 7 Unterschiede.

→1 Male alle Felder mit l braun an.
Male alle Felder mit i gelb an.

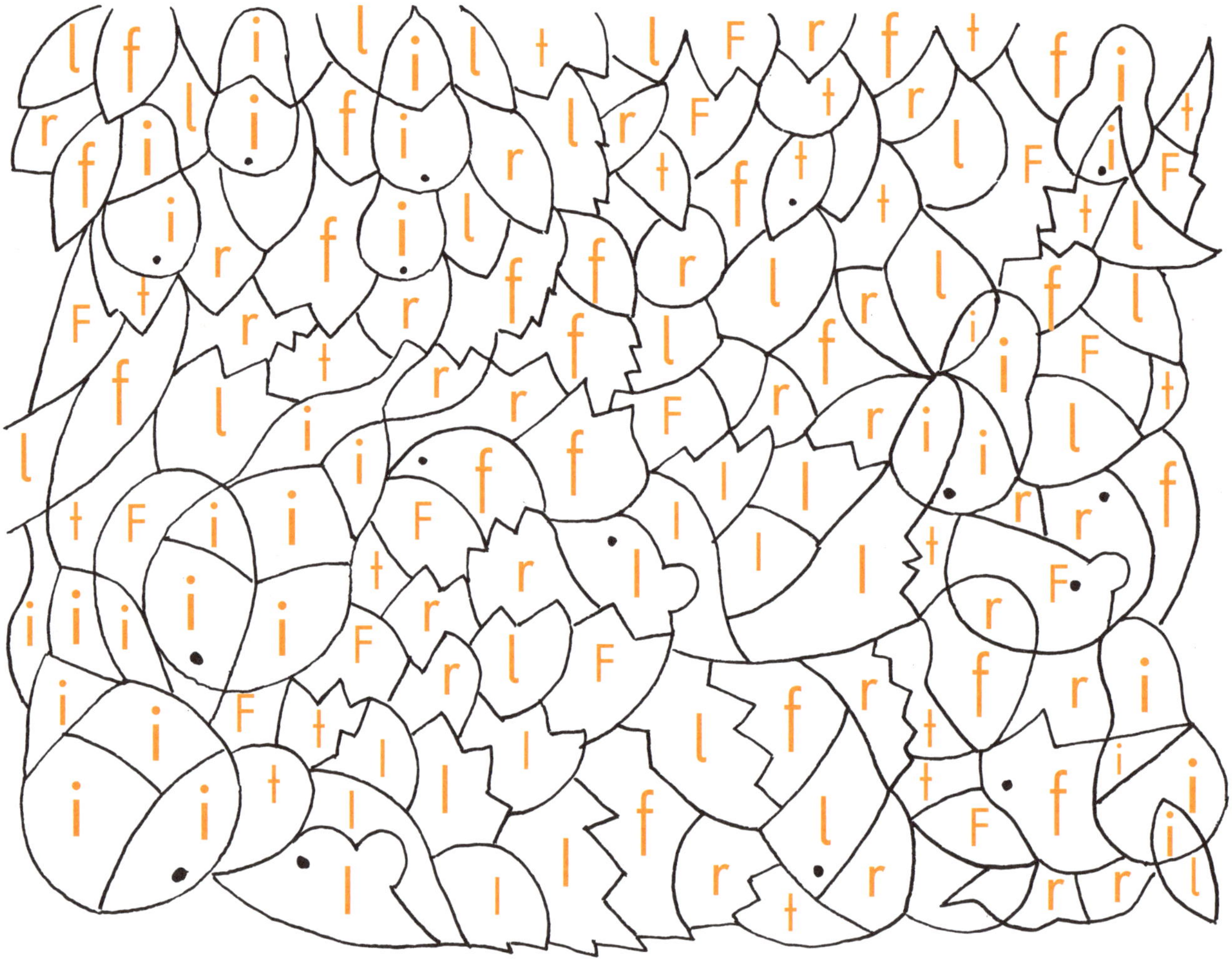

→2 Wo hörst du I i?
Kreuze an.

→Ü+SP2: KV 3

→3

I

i

im

Mimi

→4 Schreibe das Wort.
Benutze deine Lauttabelle.

→1 Kreise A a ein.

→2 Wo hörst du A a?
Kreuze an.

→3 Male Rahmen und Wortkarten mit derselben Farbe an.

Mama | Mimi | Ami | Mia

→Ü+SP2: KV 4 →CD: 4, 5

→ 4

A a

A A A A

a a a a

Ami

Mia

→ 5 Male die passenden Wortkarten an.

am im

am im

am im

→1 Spure O o nach.

→2 Kreise ein.

Oma Oma Omi Mama Oma Omi Oma

→3 Wo hörst du O o?
Male an.

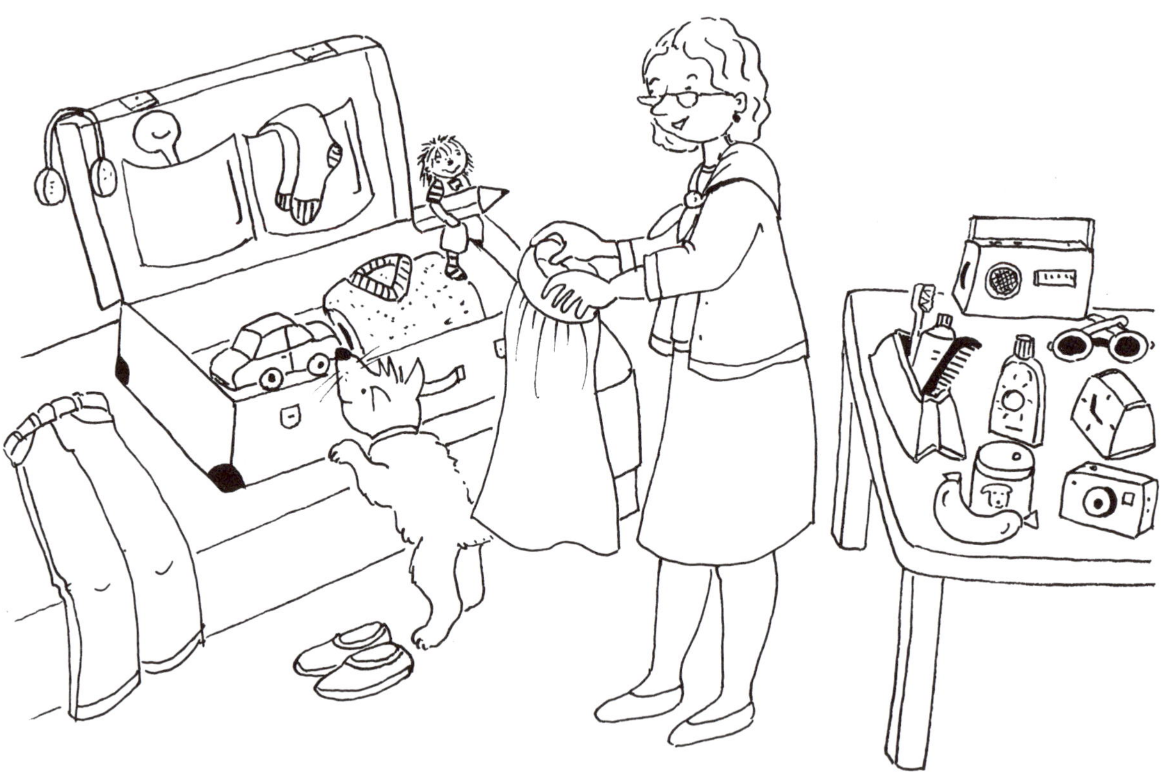

→Ü+SP2: KV 4

→ 4

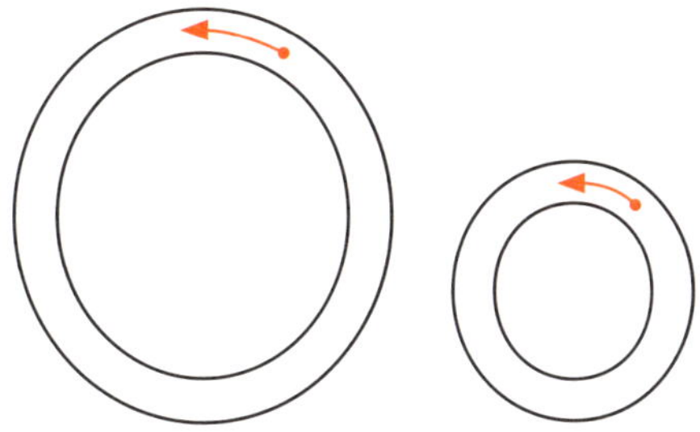

O O O O

o o o o

Oma

Omi

→ 5 Hör genau.
Male das richtige Kästchen an.

A
O

A
O

A
O

A
O

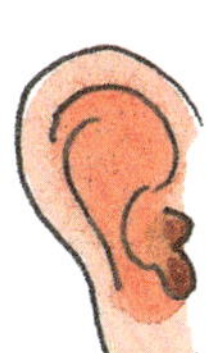

A
O

A
O

→ 1 Spure nach und schreibe weiter.

O O

Oma

A A

Ami

M M

Mia

→1 Spure nach und schreibe weiter.

im im

am am

→2 Entscheide: im oder am?

→3 Ergänze die Sätze.

  .

 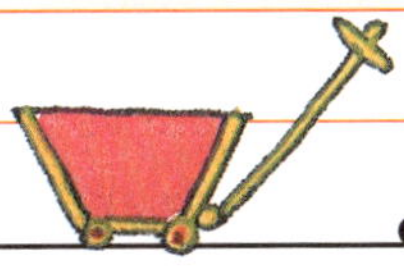 .

→ 1 Male die Seifenblasen mit S s bunt an.

→ 2 Wo hörst du S s? Kreuze an.

→ 3 Schreibe das Wort.
Benutze deine Lauttabelle.

→Ü+SP2: KV 5 →CD: 7, 8

→ 4

S s

S S S S

s s s s

Ss Ss

→ 5 Male das passende Kästchen an.

Sa
Si
So

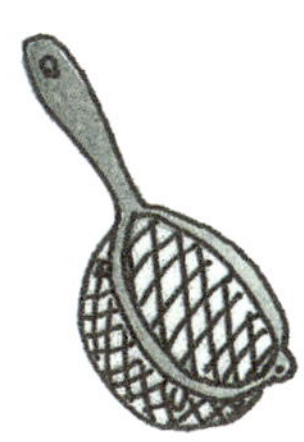

Sa
Si
So

Sa
Si
So

Sa
Si
So

Sa
Si
So

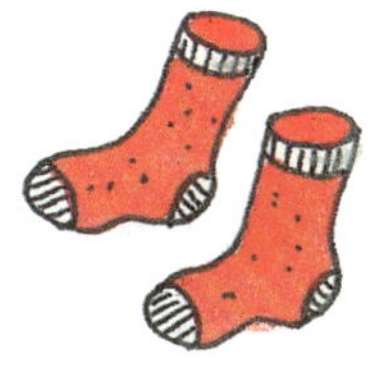

Sa
Si
So

→1 Kreise U u ein.

Achtung, Achtung – null Uhr –
Ufo im Anflug – Ufo am Turm –
Ufo landet am Fluss!

→2 Wo hörst du U u? Kreuze an.

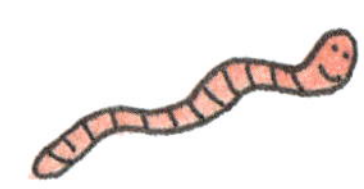

→3 Male für jeden Laut,
den du hörst, einen Punkt.

● ● ●

→Ü+SP1: KV 15 →Ü+SP2: KV 5

→ 4

U u

U U U U

u u u u

Susi

→ 5 Schreibe das passende Wort unter das Bild.

im um am

→ 1 Kreise R r ein.

→ 2 Wo hörst du R r?
Kreuze an.

→ 3 Wer läuft nach rechts?
Male an.

→Ü+SP2: KV 18

→ 4

R r

R R R R

r r r r

Rr Rr

arm

→ 5 Schreibe das Wort. Benutze deine Lauttabelle.

→ 6 Was könnte der Räuber noch geraubt haben?

→1 Spure Tt nach.

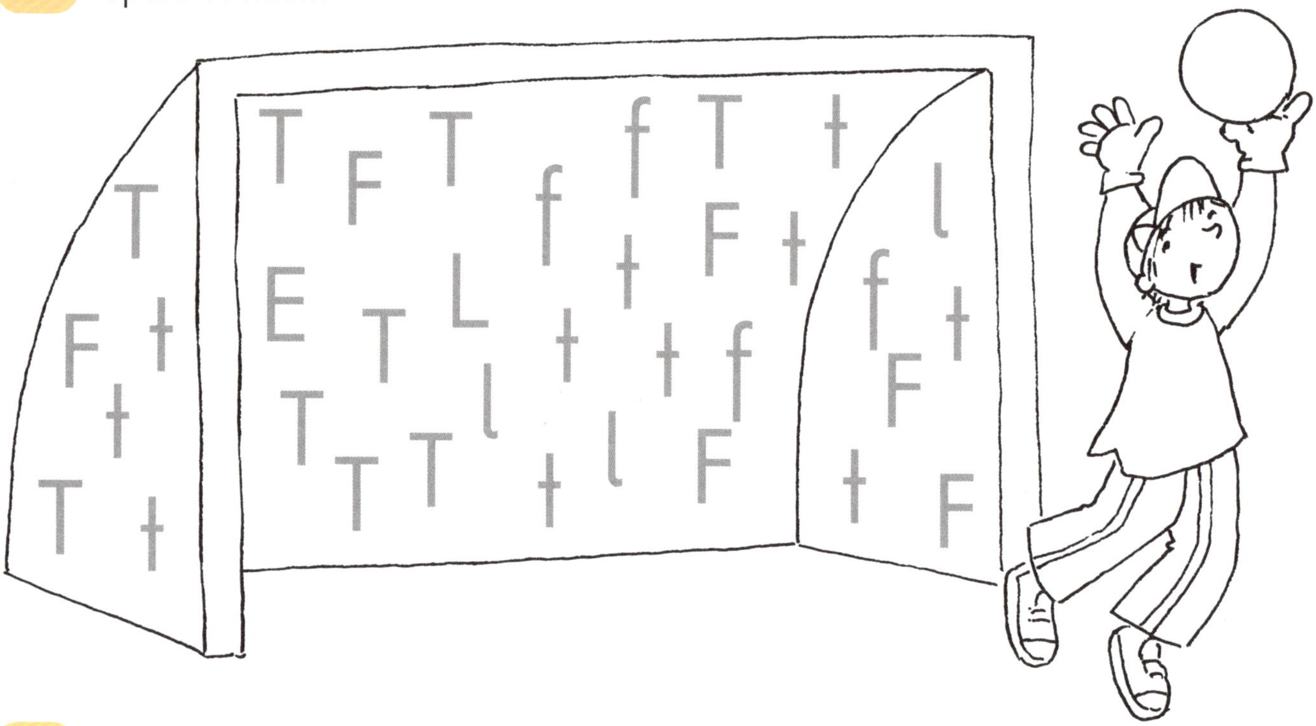

→2 Kreise ein.

Tor	Tom	Tor	Turm	Tor	Tim	Tom	Tor		
rot	rot	tut	tot	rot	rot	tut	rot	tut	tot

→3 Wo hörst du Tt?
Male die Karten aus.

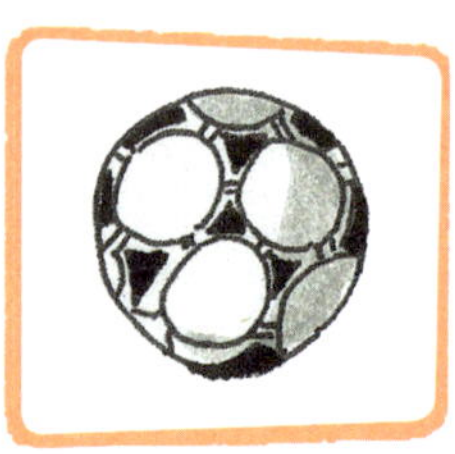

→ 4

T t

T

t

Tor

→ 5 Male das passende Kästchen an.

Ta
Ti
Tu

Tu
To
Ti

Ti
Ta
To

→ 6 Mit wem spielst du gerne? Schreibe die Namen auf.

→1 Kreise N n ein.

Fütterungszeiten

Löwen	Robben	Nilpferde
Tiger	Pinguine	Nashörner
Panter	Seelöwen	Elefanten
Bären	Delfine	Affen

→2 Wo hörst du N n? Kreuze an.

→3 Hörst du m oder n? Schreibe.

m	n					

→Ü+SP1: KV 24 →Ü+SP2: KV 16, KV 3, KV 21

→ 4

N n

N N N N

n n n n

N n N n

→ 5 Verbinde.

Mama nimmt Irmi mit.

Oma nimmt Susi mit.

Susi nimmt Mimi mit.

Martin nimmt Susi mit.

→ 6 Was ist dein Lieblingstier?

→1 Wer spielt mit wem?
Schreibe.

Martin mit Ami

→2 Wer ist im Tor?
Schreibe.

Tom ist im Tor.

→CD: 13, 14

Anton

Turm
Tor
Ast
Mast

ist
turnt
im
am

→ 3 Anton turnt überall. Schreibe Sätze.

Anton ist am .

→1 Kreuze die 5 Unterschiede an.

→2 Kreise E e ein.
E: gelb
e: blau

→3 Wo hörst du E e?
Kreuze an.

→Ü+SP1: KV 25 →Ü+SP2: KV 6, KV 14, Entchenspiel

→ 4

E e

E E E E

e e e e

Ente

→ 5 Lies und zeichne fertig.

Martin turnt am Ast.
Unten rennt Ami.
Tim rennt mit.

→ 6 Schreibe weiter.

Dd

→1 Male die Felder mit d gelb an.
Male die Felder mit D grün an.

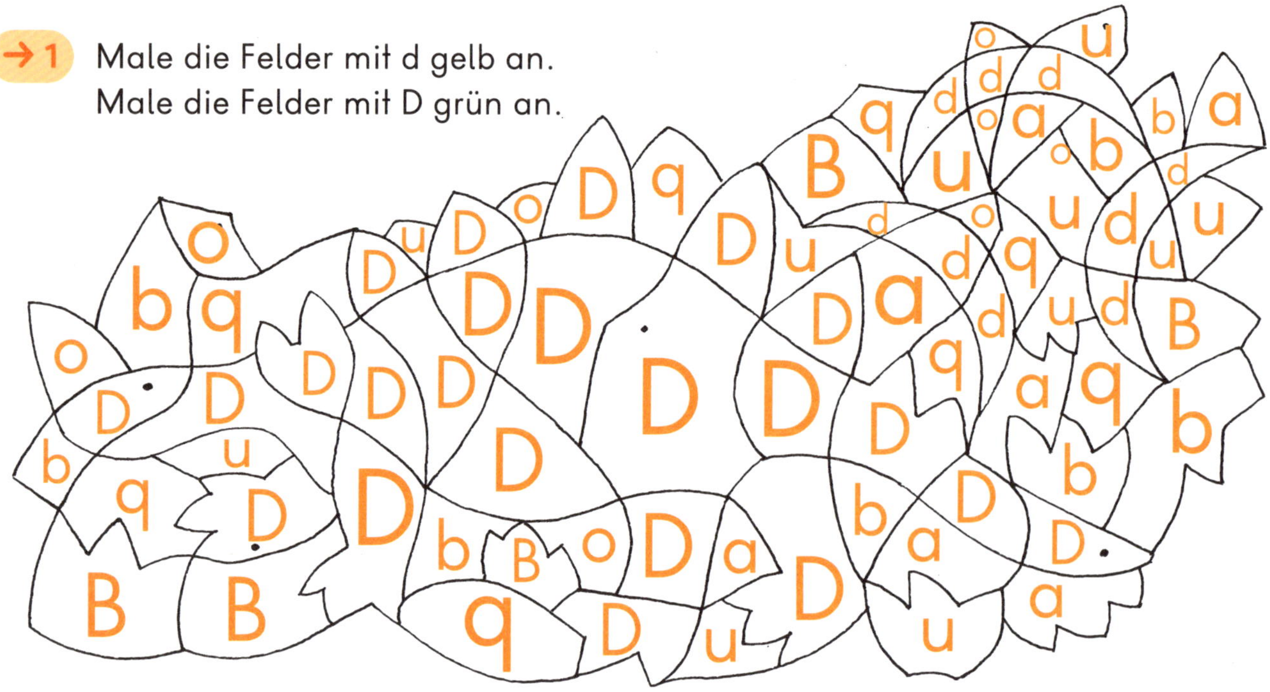

→2 Wo hörst du D d?
Kreuze an.

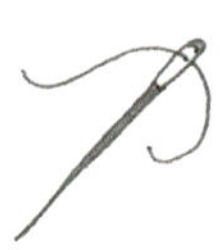

→3 Verbinde.

die

→4

Dd

D D D D

d d d d

der

die

das

→5 Was passt? Schreibe.

der | die | das

die    

 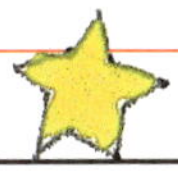 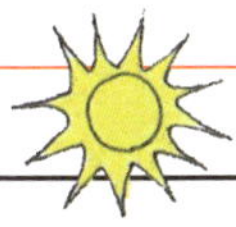 

→BiSt: HSR 6.1, RS 1.1

→1 Reime.

D	o	s	e

R	a	n	d

R			

S			

S	e	e

T	o	n	n	e

T		

S				

→2 Hör genau.
Male den richtigen Wortanfang an.

D
T

D
T

D
T

D
T

D
T

D
T

D
T

D
T

D
T

D
T

→BiSt: HSR 6.1, RS 3.2

→ 1 Lies und male die Bilder fertig.

→ 2 Male und schreibe selbst.

Ei ei

→1 Kreise Ei ei ein.

In Reisekatalogen

Ferien auf dem Bauernhof

Preiswerte Flugreisen

Feinste Küche beim Steinwirt

Bergsteigen und Klettern

Eislaufen in Inzell

Freier Eintritt für die Kleinen

→2 Wo hörst du Ei ei?
Kreuze an.

→3 Male mit derselben Farbe an.

reiten | Eis essen | rudern

→Ü+SP1: KV 17, 18, 21, 28 →Ü+SP2: KV 7

→ 4

Ei ei

Ei Ei Ei Ei

ei ei ei ei

→ 5 Setze richtig ein.

ein   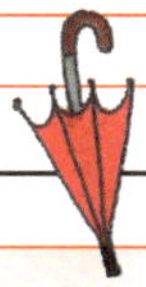

 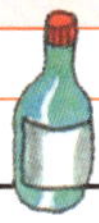 

→ 6 Wo war Mimi in der Nacht?

→1 Streiche durch, was nicht passt.

R

Ro

Rose

D

Do

Dose

R

Ra

Rad

Radio

T

To

Tor

Torte

→ 1 Spure nach und setze richtig ein.

mein meine dein deine sein seine

Au au

→1 Male Au au grau an.

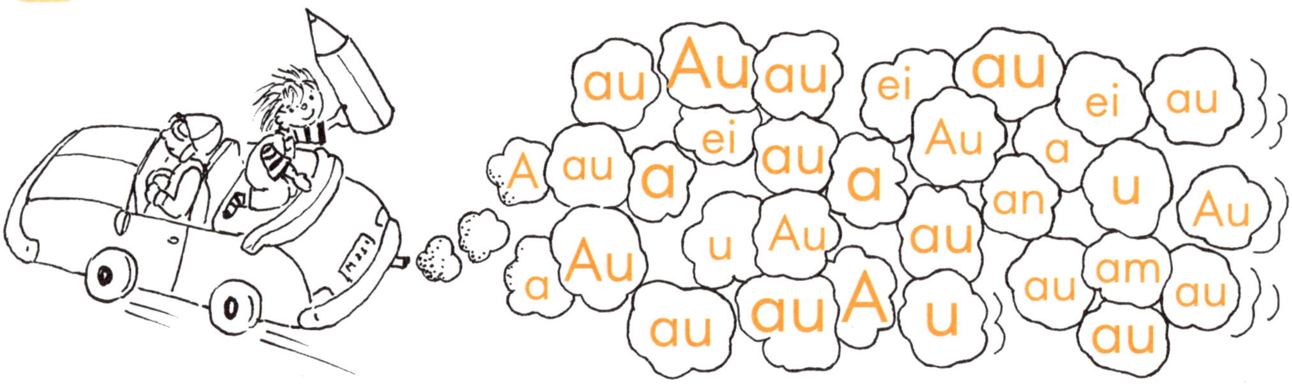

→2 Wo hörst du Au au?
Kreuze an.

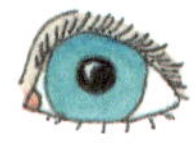

→3 Schreibe Autowörter.

→Ü+SP1: KV 18, 22, 29, 30 →Ü+SP2: KV 8

→ 4

Au au

Au Au Au Au

au au au au

→ 5 Male die richtigen Würfelpunkte in die Kästchen.

⚀ Eine Maus ist im Eimer.

⚁ Eine Maus ist unter der Dose.

⚂ Ami saust aus dem Auto.

⚃ Mia ist unter dem Auto.

⚄ Mia ist im ________.

→ 6 Schreibe in dein Heft.

→1 Kreise Hh ein.

Hui, hui, heult der Wind.
Er bläst den Hut von Herrn Hubers Kopf.
Herr Huber rennt hinter dem Hut her.
Der Hut hängt oben an der Laterne.
Wie holt Herr Huber den Hut herunter?

→2 Was gehört zusammen?
Male mit derselben Farbe an.

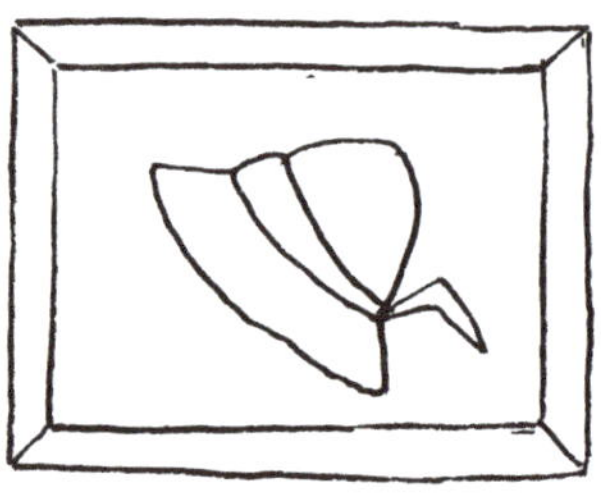

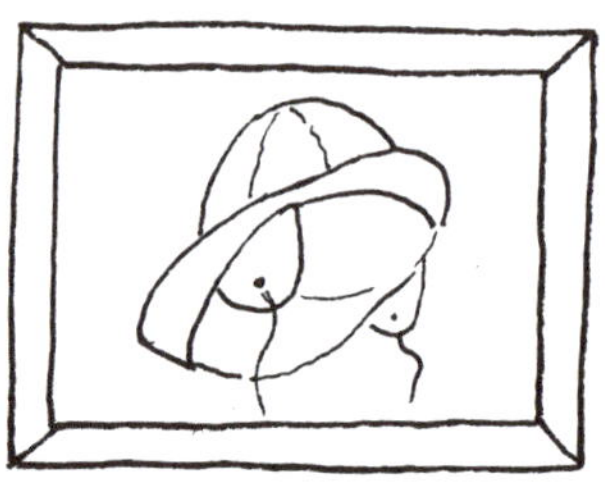

Dame | Hirte | Herr | Seemann

→3 Hör genau.
Male das passende Kästchen an.

Ha
He
Hu

Ha
Ho
He

Ha
He
Hu

He
Ha
Hu

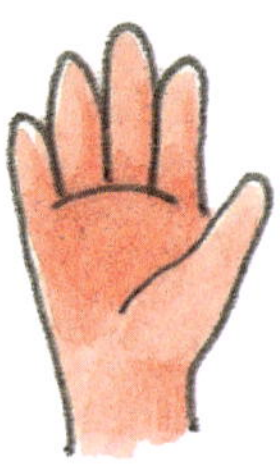
Ha
He
Hu

Ha
He
Hi

→Ü+SP1: KV 31, KV 32 Würfelspiel, KV 33 →Ü+SP2: Hamsterspiel

→ 4

H h

H H H H

h h h h

hat

→ 5 Setze die richtigen Buchstaben ein.

M o H a H S a u

	H		s	e		H		n	d
	H		s	e	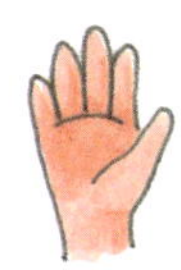	H		n	d
		a	u	s			a	n	d
		a	u	s	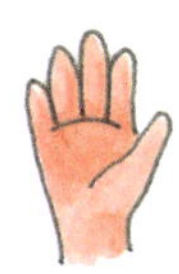		a	n	d

→ 6 Schreibe Tiernamen mit H h.

→1 Kreise F f ein.

Fischt Fischers Fritz frische Fische?
Fischers Fritz fischt frische Fische.
Frische Fische fischt Fischers Fritz.

→2 Wo hörst du F f?
Male an.

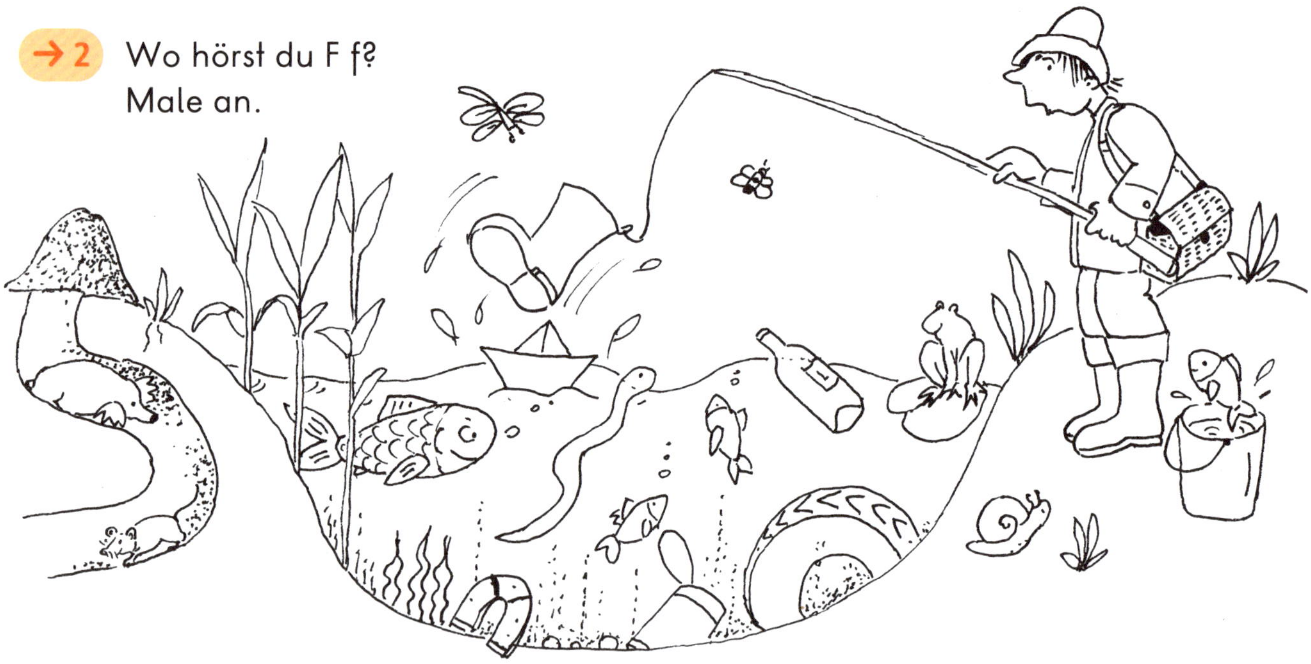

→3 Welche Silben gehören zusammen?
Male in derselben Farbe an.

 Fe fe

 So fe  Fo

to der

 Har fa  Af

→Ü+SP1: KV 34 – KV 37, KV 22 →Ü+SP2: KV 8

→ 4

F f

F F F F

f f f f

Affe

Feder
Reifen
Heft
Hut
Hufeisen
Foto

→ 5 Was findet Affe Fifi noch?
Schreibe auf.

Fifi findet einen Hut.

Bb

→1 Male B rot an.
Male b blau an.

→2 Wo hörst du B b?
Kreuze an.

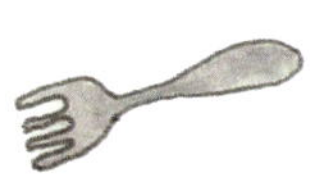

→3 Reime.

M	u	t	t	e	r
B					

R	a	u	m
B			

→ 4

B b

B B B B

b b b b

Brot

bitte

→ 5 Was können Susi und Martin nicht essen?
Streiche durch.

Boot Eier
Birne Brot
Braten Reis
Auto Brei
Nuss

Eis Faden
Butter Tinte
Banane Torte
Bonbon
Eisen Sonne

→ 6 Was isst du gerne?
Schreibe auf.

→1 Kreise Ll ein.
Schneide Ll aus Zeitungen aus und klebe dazu.

→2 Male an.

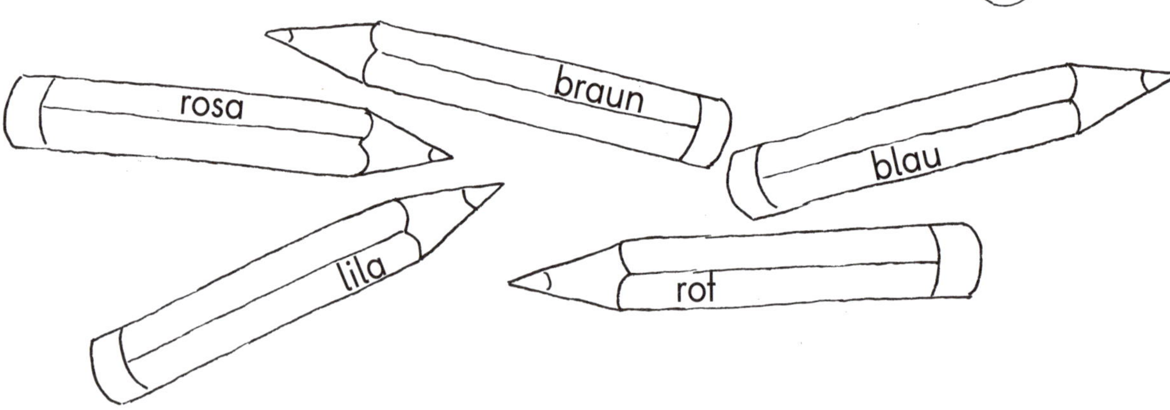

→3 Wo hörst du Ll?
Male an.

→Ü+SP1: KV 41 – KV 43, KV 19 →Ü+SP2: KV 9, KV 19

→ 4

L l

L L L L

l l l l

Luft

lesen

→ 5 Male einen roten Ball.

→ Male lila Blumen.

→ Male eine braune Leiter.

→ 6 Lies und male.

Martin

Martin malt

Martin malt ein Lastauto

Martin malt ein Lastauto mit Brettern.

Kk

→1 Male die Felder mit K k grün an.

→2 Wo hörst du K k?
Kreuze an.

→3 Worüber hüpft das Känguru?
Kreise ein.

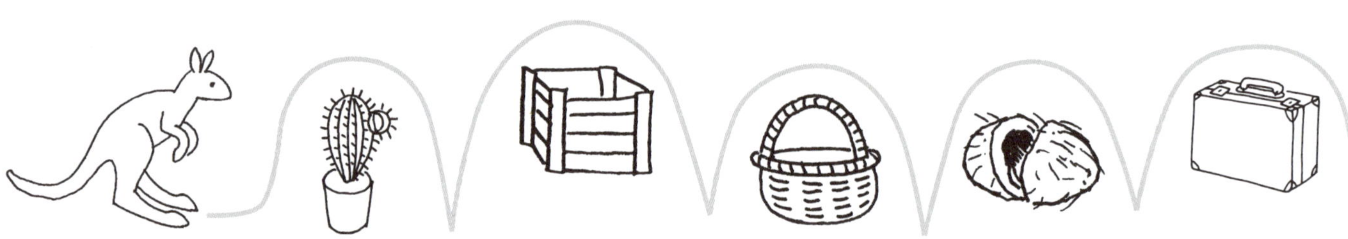

Kiste Kette Kalender Koffer Korb

Kokosnuss Kamel Krokodil Kaktus

→Ü+SP1: KV 23, KV 44, KV 45
→Ü+SP2: Hamsterspiel, KV 10, KV 39/30/31 Silbenkäfer, Domino

→ 4

K k

K K K K

k k k k

Kind

klein

→ 5 Schreibe.

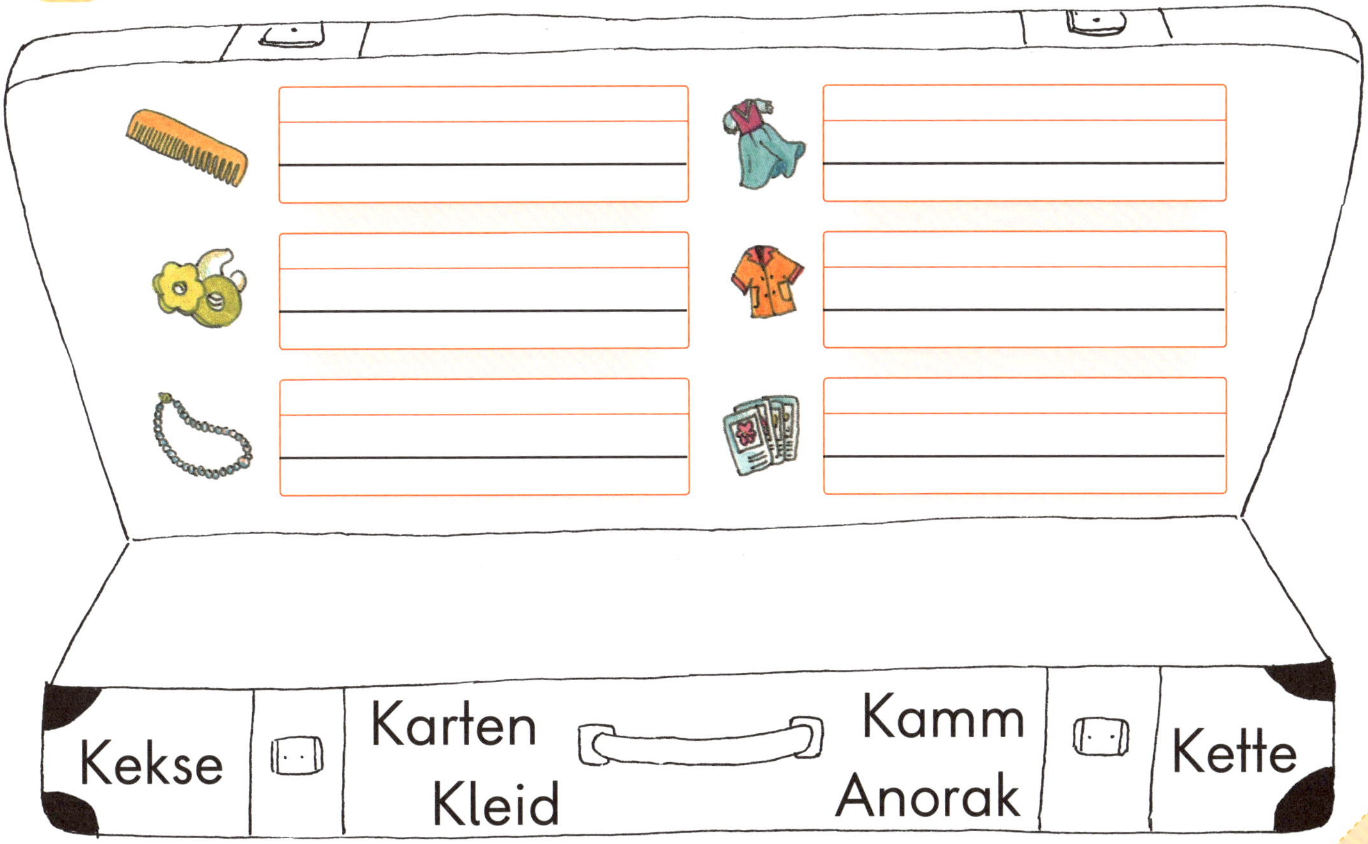

Heft 1

Heft 2